La ciencia de los seres vivos

¿Qué es un caballo?

Bobbie Kalman y Heather Levigne

 Crabtree Publishing Company

www.crabtreebooks.com

Serie La ciencia de los seres vivos
Un libro de Bobbie Kalman

(Dedicado por Heather Levigne)
Para April, una hermana y una amiga

Editora en jefe
Bobbie Kalman

Equipo de redacción
Bobbie Kalman
Heather Levigne

Editoras
John Crossingham
Niki Walker

Editoras de originales
Amanda Bishop
Kathryn Smithyman
Heather Fitzpatrick

Diseño por computadora
Kymberley McKee Murphy

Coordinadora de producción
Heather Fitzpatrick

Consultores lingüísticos
Dr. Carlos García, M.D., Maestro bilingüe de Ciencias,
    Estudios Sociales y Matemáticas
Amy Grammatica, M.S. en Educación Bilingüe/Enseñanza del Inglés como Segunda
Lengua (TESOL), Maestra de Inmersión Dual

Investigación fotográfica
Heather Levigne

Fotografías
Bob Langrish: portada, páginas 1, 4, 5, 6, 8, 10, 11 (parte superior), 13, 14, 15, 16, 17,
18-19, 20-21, 22, 23, 29, 30, 31
Otras imágenes de Adobe Image Library y Digital Stock

Ilustraciones
Barbara Bedell: página 28
Jeanette McNaughton-Julich: páginas 4, 6, 9 (partes superior y central), 10 (superior),
    14, 20
Margaret Amy Reiach: páginas 7, 22, 25, 27
Bonna Rouse: páginas 8, 9 (parte inferior), 10 (partes central e inferior)

Traducción
Servicios de traducción al español y de composición de textos suministrados por
    translations.com

Library and Archives Canada Cataloguing in Publication

Kalman, Bobbie, 1947-
    ¿Qué es un caballo? / Bobbie Kalman & Heather Levigne.

(La ciencia de los seres vivos)
Includes index.
Translation of: What is a horse?.
ISBN-13: 978-0-7787-8766-2 (bound)
ISBN-10: 0-7787-8766-4 (bound)
ISBN-13: 978-0-7787-8812-6 (pbk.)
ISBN-10: 0-7787-8812-1 (pbk.)

    1. Horses--Juvenile literature. I. Levigne, Heather, 1974-
II. Title. III. Series: Ciencia de los seres vivos

SF302.K3418 2006   j636.1   C2006-904542-9

Library of Congress Cataloging-in-Publication Data

Kalman, Bobbie.
    [What is a horse? Spanish]
    ¿Qué es un caballo? / written by Bobbie Kalman & Heather Levigne.
        p. cm. -- (La ciencia de los seres vivos)
    Includes index.
    ISBN-13: 978-0-7787-8766-2 (rlb)
    ISBN-10: 0-7787-8766-4 (rlb)
    ISBN-13: 978-0-7787-8812-6 (pbk.)
    ISBN-10: 0-7787-8812-1 (pbk.)
    1. Horses--Juvenile literature. [1. Horses.] I. Levigne, Heather, 1974-
II. Title. III. Series.

SF302.K35 2006
636.1--dc22
                                            2006025124

Crabtree Publishing Company

www.crabtreebooks.com   1-800-387-7650

Publicado en Canadá
Crabtree Publishing
616 Welland Ave.,
St. Catharines, ON
L2M 5V6

Publicado en los Estados Unidos
Crabtree Publishing
PMB16A
350 Fifth Ave., Suite 3308
New York, NY 10118

Publicado en el Reino Unido
Crabtree Publishing
White Cross Mills
High Town, Lancaster
LA1 4XS

Publicado en Australia
Crabtree Publishing
386 Mt. Alexander Rd.
Ascot Vale (Melbourne)
VIC 3032

Contenido

¿Qué es un caballo?

Los caballos pertenecen a un grupo de animales llamados **mamíferos**. Los mamíferos son **animales de sangre caliente**, lo que quiere decir que su cuerpo mantiene la misma temperatura cuando hace frío o calor.

Los primeros caballos

Hace millones de años, los caballos eran mucho más pequeños. Vagaban libremente en enormes **manadas**. Las personas los cazaban por su carne y usaban su piel para hacer vestimenta.

La domesticación del caballo

Los científicos no saben con certeza cuándo los seres humanos comenzaron a **domesticar** o domar a los caballos. Algunos piensan que hace cerca de 14,000 años las personas comenzaron a usar los caballos para transportar cargas pesadas. Pronto se dieron cuenta de que también podían llevar personas. Viajar a caballo les permitió recorrer mayores distancias en menos tiempo. Cazar a caballo también era mucho más fácil que hacerlo a pie.

Caballos modernos

Actualmente, las personas usan los caballos para muchas cosas. Algunos trabajan en granjas. Otros son criados para cabalgar o competir en carreras. En algunas partes del mundo, los caballos vagan libremente en el campo. Sin embargo, la mayoría de los caballos "salvajes" en realidad no son salvajes. Son caballos domesticados que se han escapado o han sido liberados. Se les llama caballos **asilvestrados**.

El caballo de Przewalski es el único tipo que está clasificado como auténtico caballo salvaje. Aunque estos caballos han vivido en zoológicos, nunca han sido domados.

Árbol genealógico de los caballos

Los caballos, ponis, asnos y cebras pertenecen a la familia de los **equinos**. La gente los **cría** para crear animales aptos para correr, tirar de cargas pesadas o hacer otros tipos de trabajo.

¿Pequeño, mediano o grande?

Los caballos se pueden dividir en grupos según su aspecto y tamaño. Los ponis son los caballos más pequeños. Los caballos livianos, como los purasangre y los árabes, se usan para cabalgar y correr carreras. Los caballos **de tiro** son los más grandes. Se usan para trabajos muy pesados, como tirar de maquinaria agrícola. Los Clydesdale y Shire son dos tipos populares de caballos de tiro.

El ancestro de los caballos

Algunos científicos creen que los caballos descienden de un mamífero que tenía aproximadamente el tamaño de un perro mediano. Este animal, el **hyracotherium**, tenía cuello corto y patas delgadas con dedos. En las patas delanteras tenía cuatro dedos, y en las traseras, tres. Con el paso de millones de años, el cuerpo de este mamífero cambió lentamente. Aumentó de tamaño y las patas se hicieron más largas. La mayoría de los dedos se hicieron más pequeños hasta que quedó un solo dedo grande, que formó el casco o pezuña. Este caballo de un dedo se llamó *Equus*.

(izquierda) Los grandes caballos de tiro son muy fuertes. Pueden tirar de maquinaria agrícola y cargas pesadas. Este granjero usa un caballo para tirar de un arado.

La familia equina

La familia equina está formada por el caballo, dos especies de asno y tres especies de cebra. Todos estos animales descienden del *Equus*.

árabe

Caballos

Aunque sólo hay una especie de caballos, hay más de 200 razas diferentes.

Clydesdale

poni

Asnos

Hay dos especies de asnos: el africano y el asiático.

asno africano

asno asiático

Cebras

Hay tres especies de cebras: la de llanura, la de montaña y la de Grevy.

cebra de llanura

cebra de montaña

cebra de Grevy

El cuerpo

El caballo tiene patas largas y un cuerpo musculoso, apto para la velocidad. Los caballos son **vertebrados**, es decir, animales que tienen columna vertebral.

Los caballos tienen dientes grandes y mandíbulas fuertes para masticar pastos duros.

Los ojos están ubicados en los costados de la cabeza para poder ver en varias direcciones a la vez.

El caballo necesita un corazón y pulmones fuertes porque viaja largas distancias, a menudo a gran velocidad.

La parte inferior de las patas no tiene músculos ni grasa. El poco peso en esta parte le permite correr más rápido.

El casco del caballo es un único dedo. Está cubierto por una capa dura de **uña**.

Colores y manchas

Los caballos vienen en muchos colores, entre ellos negro, bayo, gris y castaño. Algunos colores tienen nombres interesantes, como **pío**, **roano** y **tordillo**. Muchos caballos también tienen manchas blancas en su pelaje. En el campo, estas manchas y colores ayudan a los caballos a confundirse con su entorno y ocultarse de los enemigos. Los caballos domesticados suelen ser criados para tener manchas o colores determinados.

Este caballo tiene un pelaje bayo claro y una mancha blanca pequeña en la punta de la nariz.

*El pelaje de este caballo es bayo oscuro, o zaino. La marca con forma de diamante en la frente se llama **estrella.***

*Este caballo tiene un pelaje negro con una **lista**, que es una franja ancha desde la frente hasta la punta de la nariz.*

*Este caballo tiene pelaje castaño, con una **franja** a lo largo de la nariz.*

Denles una mano

Los caballos se miden en **palmos**. Un palmo es igual a cuatro pulgadas (10 cm). El término "palmo" viene de la manera en que se medían los caballos hace muchos años, usando la palma de la mano como regla.

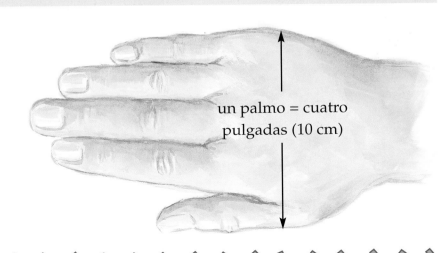

un palmo = cuatro pulgadas (10 cm)

Los sentidos de los caballos

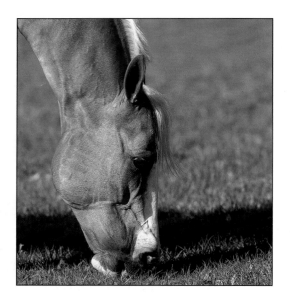

Los caballos tienen sentidos muy agudos. Sus sentidos del olfato, vista, gusto, tacto y oído están bien desarrollados. Los usan para reunir información sobre su entorno. Los sentidos también les ayudan a comunicarse con su pareja, sus crías y otros miembros de la manada. En buen estado, sus sentidos les ayudan a permanecer alerta y evitar el peligro, incluso cuando bajan la cabeza para **pastar**. Se dice que algunas personas tienen "sentidos de caballo". ¿Qué crees que quiere decir esta expresión?

¡Oye esto!

Los caballos siempre están moviendo las orejas. Al apuntarlas en distintas direcciones, pueden enfocar un sonido específico. La posición de las orejas también ofrece pistas sobre su estado de ánimo. La gente que trabaja con caballos pone atención a estas pistas para evitar asustar o enojar al caballo. Los caballos salvajes usan las orejas para enviarse mensajes.

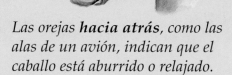

*Las orejas **hacia atrás**, como las alas de un avión, indican que el caballo está aburrido o relajado.*

*Cuando el caballo está alerta o interesado, tiene las orejas **levantadas** y hacia adelante para captar los sonidos.*

Las orejas caídas hacia los costados y que apuntan hacia abajo indican que el caballo está cansado o enfermo.

*Las orejas **totalmente hacia atrás** indican que el caballo está enojado o es agresivo. ¡Cuidado!*

La vista

Los ojos de los caballos están ubicados a cada lado de la cabeza. Esta posición les permite ver casi todo lo que hay a su alrededor. ¡Es muy difícil acercarse a un caballo sin ser visto!

El olfato

Los caballos tienen muy buen sentido del olfato. Usan olores para enviar y recibir mensajes en la manada. Por ejemplo, las **yeguas** que están **en celo** emiten un olor para avisarles a los machos que están listas para aparearse. Las yeguas también usan olores para marcar a sus crías e identificarlas en un grupo de **potros**.

(arriba) La nariz, los labios y las orejas de los caballos son muy sensibles al tacto. Cuando se encuentran dos caballos, suelen frotarse y lamerse el hocico para enviar mensajes amistosos.

Cuando un caballo se asusta, usa todos sus sentidos para recoger información sobre la situación. Levanta las orejas, abre bien los ojos y ensancha los orificios nasales.

Potros

Las yeguas están preñadas durante 11 a 13 meses antes de dar a luz a un **potro** o **potranca**. Mientras está dando a luz, tanto la madre como la cría son blancos fáciles para los **depredadores**. La mayoría de las yeguas esperan a la noche para tener la cría. Dejan al resto de la manada y buscan un lugar tranquilo y oscuro donde no sean molestadas y estén a salvo de los enemigos.

Nace un potro

Para tener la cría, la yegua se recuesta de costado. El potro sale del cuerpo de la madre con las patas delanteras primero. Nace con los ojos abiertos. La yegua se pone de pie y comienza a lamer la cara y el cuerpo del potro para limpiarlo. Después, ambos descansan juntos un rato.

Relacionarse con la cría

Limpiar el cuerpo de la cría después de que nace le permite a la yegua relacionarse con ella. Aprende a identificar al potro por su olor, incluso cuando está entre otros potros. El potro también aprende cuál es el olor de su madre.

Toma la leche

Como todos los mamíferos, las hembras producen leche dentro de su cuerpo para alimentar a sus crías. Esta leche contiene nutrientes importantes que ayudarán a las crías a crecer sanas y fuertes. Los potros comienzan a beber la leche de su madre inmediatamente después de nacer.

La yegua alimenta y protege al potro hasta que tiene aproximadamente un año. A este recién nacido le tiemblan un poco las patas.

Crecer fuertes

Los potros se desarrollan muy rápido. Pueden galopar, jugar, rascarse y acicalarse, e incluso nadar, cuando tienen apenas un día de vida. A medida que crecen, duermen menos y pasan más tiempo pastando y jugando con otros potros. Durante este tiempo, aprenden a ser parte de la manada.

¿Dónde viven los caballos?

Los caballos habitan en todo el mundo. Algunos han **migrado** a nuevas zonas, pero la mayoría han sido transportados por los seres humanos. Cuando la gente se muda de un lugar a otro, lleva con ellos los animales domesticados. Los caballos se han **adaptado** a muchos hábitats distintos. Pueden vivir en casi cualquier ambiente porque las personas los cuidan.

Los caballos de Islandia están bien adaptados a su ambiente. Su macizo cuerpo les permite caminar con seguridad por el suelo helado y empinado de Islandia.

Caballos de Camargue

Los caballos de Camargue viven en grandes manadas en el sur de Francia. Se conocen como "caballos del mar" porque viven cerca del océano. Su dieta está compuesta por pastos duros, juncos y agua salada.

Las personas les permiten vagar libremente la mayor parte del tiempo. Se los conoce como semisalvajes, que quiere decir que no los mantienen en campos cercados. No obstante, una vez al año, los granjeros locales los reúnen para revisarlos y asegurarse de que estén sanos.

Cuando nacen, los caballos de Camargue son de color gris oscuro o marrón. Cuando crecen, su pelaje se vuelve blanco brillante.

Caballos salvajes

Cuando los conquistadores españoles llegaron al oeste de los Estados Unidos, trajeron caballos. Algunos se escaparon y se reprodujeron en el campo. La gente comenzó a llamarlos mustangs. Su nombre proviene de la palabra española musteño, que quiere decir "salvaje". Los vaqueros a menudo trataban de domar estos caballos "salvajes" para arrear ganado.

Los vaqueros del Lejano Oeste necesitaban caballos para viajar entre los pueblos y arrear grandes hatos de ganado.

La vida en una manada

El **instinto** más fuerte del caballo es formar parte de una manada o grupo de otros caballos. Las manadas ofrecen protección de los depredadores. Además, los caballos necesitan compañía. Son más felices cuando están con otros caballos.

La sociedad de los caballos

Una manada salvaje puede tener entre tres y treinta caballos. Cada manada tiene un **semental**, varias yeguas y sus potros. El trabajo del semental es mantener unida a la manada y evitar que otros sementales se les unan. Las yeguas protegen a las crías y hacen avanzar a la manada en busca de alimento.

El hogar en la pradera

Los caballos pasan mucho tiempo caminando por su territorio en la pradera. Esta zona suele ser de unas 30 a 80 millas cuadradas (78 a 207 km^2). La manada a menudo avanza en fila india, y se detiene ocasionalmente para comer, beber y dormir. La mayoría de las manadas siguen los mismos senderos conocidos una y otra vez.

Para demostrar afecto por los miembros de la manada, los caballos suelen acicalarse unos a otros. Usan los dientes para frotarse y rascarse la espalda.

En movimiento

Los caballos tienen distintos **pasos** o modos de andar en los cuales se mueven. El paso más lento es **caminar**. **Trotar** es un poco más rápido que caminar. El **medio galope** es una manera lenta de correr y el **galope** es correr velozmente. El galope es el paso más rápido, pero los caballos salvajes rara vez corren a todo galope a menos que los esté persiguiendo un depredador.

El caballo más rápido

La raza más veloz de caballos es el cuarto de milla. Su nombre proviene de su capacidad para galopar a máxima velocidad por un cuarto de milla (0.4 km). Estos caballos suelen correr hasta 25 millas (40 km) por hora. También tienen buenos reflejos y pueden detenerse y girar rápidamente. Los purasangre pueden correr distancias más largas, pero no suelen superar las 19 millas (30 km) por hora. Aun así, son los mejores caballos para carreras.

Los caballos permanecen juntos como manada, ¡incluso mientras corren!

El alimento

Los caballos pasan la mayor parte del tiempo pastando heno o hierbas. Estos alimentos son difíciles de descomponer y contienen pocos nutrientes. Los animales que pastan tienen dientes grandes y chatos que usan para masticar el alimento lentamente. Tienen que comer en grandes cantidades para obtener tantos nutrientes como sea posible.

Digerir el alimento

Las vacas y las jirafas son **rumiantes**, lo que les ayuda a **digerir** su alimento. Mastican y tragan bocados de pasto y luego devuelven la comida del estómago para volver a masticarla. Cuando tragan por

segunda vez, su cuerpo absorbe los nutrientes más fácilmente. Sin embargo, los caballos no son rumiantes. Su estómago es pequeño, así que comen cantidades pequeñas varias veces al día. Al comer así, pueden digerir mejor el alimento.

A los caballos les gusta tener una dieta variada, que incluya frutas, bayas, flores, nueces y muchas plantas distintas. Cuando comen cerca del agua, sacan plantas del lecho del río.

Ponis

Un poni es un caballo que mide menos de 14.2 palmos. Habitan en todo el mundo. Gran Bretaña es el hogar de más ponis **autóctonos** o nativos que ningún otro país. Tiene nueve razas autóctonas. Se conocen como los ponis montañés y de Moorland

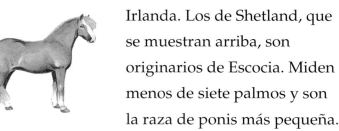

porque provienen de las regiones montañosas de Inglaterra, Escocia e Irlanda. Los de Shetland, que se muestran arriba, son originarios de Escocia. Miden menos de siete palmos y son la raza de ponis más pequeña.

Ponis de Exmoor

Algunos científicos piensan que el poni de Exmoor ha vivido en Inglaterra durante millones de años. Este poni no ha sido **cruzado**, es decir, apareado con otras razas de ponis, por lo que ha cambiado muy poco desde tiempos prehistóricos. Para vivir en las duras condiciones de su hábitat, los ponis de Exmoor tienen varias adaptaciones especiales.

Tienen un pelaje grueso y de doble textura que los abriga. También tienen párpados especiales que forman una cubierta sobre los ojos para que no les entre viento y nieve. La cabeza de los ponis de Exmoor es más grande que la de otros ponis. Cuando respiran aire frío, el aire tarda más en llegar a los pulmones, lo que le da más tiempo para que se caliente.

Para alimentarse en invierno, estos ponis deben cavar y sacar raíces y bulbos del suelo. En verano, se alimentan principalmente de hierbas silvestres y **helecho alambre**. *Éste es un tipo de helecho que es venenoso para otros animales, como las ovejas.*

Asnos y burros

Los asnos son primos pequeños y orejudos de los caballos. Los burros son asnos que han sido domados. Se dividen en cuatro grupos según su tamaño: burros miniatura, que miden hasta nueve palmos; burros estándar, que miden entre nueve y doce palmos; burros estándar grandes, que miden entre doce y catorce palmos; y burros mamut o Jack Stock, que miden más de catorce palmos.

Diferentes de los caballos

Los burros son más pequeños que la mayoría de los caballos. Pesan entre 400 y 600 libras (180 y 270 kg) y pueden crecer hasta 44 pulgadas (1.12 m) de altura. Las orejas de los burros son más largas que las de los caballos, mientras que la crin y la cola son más cortas. La mayoría de los burros tienen pelo gris, pero algunos tienen pelaje negro o blanco. Una línea llamada **cruz** les recorre el lomo y los hombros.

Animales fuertes

A diferencia de los caballos, los burros no sufren de muchas enfermedades. También requieren acicalarse mucho menos que los caballos para permanecer limpios y sanos. ¡Sólo hay que cortarles las uñas de las patas tres veces al año!

¿Cómo me llamaste?

Los burros tienen muchos nombres. También se los conoce como **borricos**, además de asnos. A veces se cruzan con caballos. Si un burro se cruza con una yegua, la cría se llama **mula**. Lo mismo sucede si se cruza un caballo con una burra. Estas cruzas suelen ser más grandes, fuertes y robustas que sus padres, pero son **estériles**, lo que quiere decir que no pueden tener crías.

Los exploradores españoles llevaron burros a México. Algunos se escaparon y cruzaron el límite suroeste de los Estados Unidos y se convirtieron en los primeros burros estadounidenses.

Cebras

Las tres especies de cebras viven en África. Algunas habitan las llanuras, mientras que otras viven en zonas montañosas secas. Las cebras son de menor tamaño que los caballos. Al igual que los asnos, tienen crin corta y rígida, orejas largas y cola con copete.

En busca de alimento

Las cebras se alimentan de pastos duros y altos. Algunas también comen arbustos, hierbas y bulbos. Durante las estaciones de lluvia o sequía fuertes en la llanura, algunas cebras migran en busca de alimento.

¿Por qué tienen rayas las cebras?

En el pasado, algunos científicos pensaban que las rayas de las cebras les servían de camuflaje para protegerse de los depredadores. De hecho, las cebras viven en zonas de llanura abierta, donde hay poca vegetación con la cual confundirse. Actualmente, los científicos todavía no saben con certeza por qué las cebras tienen rayas.

Algunos piensan que ese diseño evita que los insectos las molesten. Otros creen que son  como una huella digital única y que cada cebra se puede identificar por sus rayas. Los científicos todavía intentan averiguar por qué las cebras tienen rayas. ¿Cuál piensas tú que puede ser la razón?

Pocos enemigos

La mayoría de los caballos tienen pocos enemigos naturales porque viven cerca de la gente. Sin embargo, en el campo, depredadores como leones y lobos se alimentan de caballos asilvestrados. Los caballos se defienden permaneciendo juntos en manadas y vigilando atentamente los alrededores todo el tiempo.

Los lobos son cazadores astutos. Una manada de lobos puede atrapar fácilmente a un potro o a un caballo enfermo.

Cuantos más seamos, mejor

Es más probable que los depredadores taquen a un caballo solo que a toda la manada. Los potros se quedan en el centro de la manada, como se ve a continuación, para estar protegidos por todos lados. Los caballos viejos o débiles que no pueden seguir el paso de la manada, se quedan atrás y se convierten en blancos fáciles para los depredadores. Los caballos que se adelantan demasiado también corren el riesgo de ser atacados.

¿Pelear o escapar?

En una situación de peligro, la mejor defensa del caballo es su velocidad. La mayoría huye del enemigo lo más rápido posible. Sin embargo, a veces deben defender su territorio y pelear. Elevan la cabeza, muestran los dientes y embisten a fin de parecer amenazadores. Si un depredador se acerca demasiado, el caballo sacudirá fuertemente las patas con sus filosos y pesados cascos.

Estas yeguas rodean a los potros para protegerlos de los enemigos naturales. Si un depredador se acerca demasiado, ellas los defenderán pateando al enemigo.

Juguetear

¿Alguna vez has pensado cómo duermen los caballos? ¿Sabes por qué los caballos ruedan por el suelo? Lee y averigua por qué les encanta "juguetear".

A rodar por el suelo

En las películas a veces vemos caballos que se paran sobre las patas traseras. Los machos en ocasiones lo hacen cuando pelean, pero no es habitual.

Los caballos ruedan por el suelo por muchas razones. Si les pica el lomo, rodar les ayuda a rascarse. También les ayuda a perder pelo. A menudo, los caballos de una manada ruedan sobre el mismo lugar. Los olores se combinan allí para formar un olor único. Al rodar en este olor, los caballos se identifican como parte de la manada. A veces los caballos ruedan en el suelo cuando les duele el estómago.

Hora de dormir

Los caballos no duermen mucho; siempre están atentos por si hay depredadores que quieran acercárseles en sigilo. A veces duermen de pie para estar listos para correr si se acerca un enemigo, pero tienen que acostarse para dormir profundamente.

Durante la época de apareamiento, los machos estiran el cuello y retraen los labios para mostrar los dientes. Esta mueca se lama **reflejo de Flehmen** *y les indica a las yeguas que el semental está dispuesto a aparearse.*

A veces los caballos necesitan estirarse y duermen de costado o sobre el vientre. Si no duermen, se cansan y se ponen de mal humor, igual que las personas cuando no descansan lo suficiente.

Palabras para saber

adaptarse Tener cambios para adecuarse a un nuevo entorno

aparearse Producir crías

asilvestrado Término que describe a un animal que una vez fue domado pero que ahora vive y caza en el campo

criar Hacer que dos caballos similares se apareen para producir crías con las mismas características, como velocidad, tamaño, color o fuerza

cruzar Hacer que dos caballos de distintas razas o especies se apareen

de sangre caliente Expresión que describe a un animal cuya temperatura corporal no cambia con la temperatura del entorno

depredador Animal que mata y come otros animales

digerir Descomponer comida para que el cuerpo pueda obtener energía

domesticar Domar a un animal salvaje

equino Relativo a la familia de animales formada por caballos, ponis, asnos y cebras

estéril Expresión que describe a un animal que no puede tener crías

instinto Conocimiento de cómo hacer algo sin tener que aprenderlo

migrar Viajar de un lugar a otro para aparearse o encontrar alimento y agua

paso Una de las muchas maneras en que el caballo mueve las patas para caminar o correr

raza Nombre de un tipo de caballo en particular

reflejo de Flehmen Expresión facial de los caballos machos para atraer a las hembras durante la época de apareamiento

vertebrado Animal que tiene columna vertebral

yegua en celo Caballo hembra que está lista para aparearse

Índice

Impreso en Canadá